PUENTES

MARAVILLAS DE LA HUMANIDAD

Jason Cooper

Versión en español de Aída E. Marcuse

Rourke Enterprises, Inc.
Vero Beach, Florida 32964

FOTOS
© Lynn M. Stone, páginas: titular, 4, 10, 13, 15, 17, 18, 21
James P. Rowan, cubierta, página 7
Jerry Hennen, páginas: 8, 12

LIBRARY OF CONGRESS
Library of Congress Cataloging-in-Publication Data
Cooper, Jason, 1942-
[Puentes. Español]
    Puentes / by Jason Cooper; versión en español de Aída E. Marcuse
    p. cm. — (Maravillas de la Humanidad)
    Traducción de: Bridges.
    Incluye un índice.
    Resumen: Describe la historia y los usos de los puentes,
proporcionando varios ejemplos de puentes famosos.
    ISBN 0-86592-934-3
    1. Puentes—Literatura juvenil. [1. Puentes.   2. Materiales en
idioma español.]
I. Título. II. Serie: Cooper, Jason, 1942-   Maravillas de la
Humanidad.
TG148.C6618   1991
624'.2—dc20   91-21045
                              CIP
                              AC

ÍNDICE

PUENTES

Los puentes facilitan los viajes. Donde la naturaleza cierra el paso, un puente lo permite. Los puentes son plataformas extendidas sobre cursos de agua y otros cruces difíciles.

Muchos se construyeron para dejar pasar coches, camiones y trenes. Algunos, construídos en aeropuertos, permiten que los aviones pasen rugiendo por sobre las carreteras.

La gente a pie utiliza puentes peatonales para cruzar corrientes de agua o calles con mucho tráfico.

Algunos puentes, por su largo o su diseño especial, son muy conocidos.

Puente de caballetes, en la vía férrea que cruza el río Flathead, en Montana

PUENTES FAMOSOS

El Puente de Londres es muy conocido. Fue hecho de piedra en Londres, Inglaterra, en 1176.

El Golden Gate, de California, (1937) uno de los más famosos de los Estados Unidos, se eleva sobre la bahía de San Francisco.

El deslumbrante Sunshine Skyway de Florida (1987), permite que coches y camiones atraviesen la bahía de Tampa.

El Seven Mile, en los Cayos de Florida, es de un largo excepcional.

El puente de Brooklyn, New York (1893), fue diseñado por John A. Roebling, el pionero de los puentes collgantes.

Vista nocturna del nuevo puente de la Torre de Londres, en Londres, Inglaterra

LOS PRIMEROS PUENTES

Los primeros puentes seguramente fueron troncos de árboles que al caer se atravesaban sobre los arroyos. Los primeros puentes construídos de los que tenemos noticias se hicieron hace unos 4.000 años.

Al principio se hacían de piedra, ladrillo y madera. Siguieron construyéndose con estos materiales hasta que aparecieron los primeros hechos de hierro, hace unos doscientos años. Hacia finales del 1800, espezaron a hacerse de acero y concreto.

Hay puentes de muchas clases. Los más grandes y modernos se refuerzan con cuerdas de acero, llamadas **cables.**

Un viejo puente de arco, construído en piedra

COMO SE CONSTRUYEN LOS PUENTES

Hacer un puente cuesta muchísimo trabajo. Primero deben construirse los **pilares** de apoyo sobre terreno firme, a menudo bajo el agua.

Sobre estos soportes se colocan otros que los enlazan con el puente.

Altas **torres** de acero se elevan sobre la calzada del puente, las que están unidas a fuertes cables que las ayudan a soportar el peso.

La calzada para coches y camiones es una de las últimas partes en construirse.

Cables, torres y pilares soportan el peso del puente Golden Gate, que cruza la bahía de San Francisco, California

*Fuertes cables de acero mantienen el puente colgante
Dewey sobre el río Colorado, cerca de Moab, Utah*

Puente de dos tramos sobre el río Connecticut, en East Haddam, Connecticut

PUENTES CUBIERTOS

Los puentes cubiertos eran comunes en Estados Unidos, especialmente en New England. Eran de madera y parecían cobertizos abiertos en ambas puntas.

La plataforma era el piso y estaba protegida por paredes y un techo a dos aguas, los que impedían que la nieve y la lluvia empaparan y pudrieran la calzada del puente.

A principios del 1900, los caballos fueron reemplazados por coches y camiones. Los estrechos puentes cubiertos, construídos para dejar pasar caballos, no servían para ellos. Por eso, los puentes cubiertos fueron destruídos. Hoy en día quedan muy pocos de ellos.

Puente cubierto, en Grafton, Vermont

PUENTES LEVADIZOS

Hace mucho tiempo, los castillos estaban rodeados por un zanjón lleno de agua, llamado foso. Un puente, extendido sobre él, permitía a la gente salir del castillo y cruzar el foso. Cuando no estaba en uso, el puente podía levantarse.

Hoy en día, los puentes levadizos son levantándose por motores y ya no sirven a los castillos, sino a los barcos, dejándolos pasar por debajo de ellos sin peligro.

Un puente levadizo, levantándose para dejar pasar un barco, en Sarasota, Florida

PUENTES COLGANTES

Los puentes colgantes son los más elegantes y más grandes de todos. Algunos muy famosos en el mundo son de este tipo.

Estos puentes son sostenidos por miles de pies de cables, cada uno hecho con gran número de alambres apretadamente trenzados.

En los puentes colgantes, los cables se anclan en la tierra firme y después se sujetan de una a la otra de las torres.

Los cables mantienen suspendida en el aire, o **colgante,** la calzada del puente.

El puente colgante Bay, entre Oakland y San Francisco, California

MÁS PUENTES COLGANTES

Algunos puentes colgantes se elevan hasta setecientos pies sobre el agua. ¡El **tramo** mayor que existe en un puente colgante es de 4.600 pies, casi una milla!

El tramo principal es la distancia que hay entre las torres.

Los puentes modernos están sostenidos por pilares de cemento armado y, aunque no son tan grandes, también tienen cables y torres.

Contrariamente a los colgantes, estos puentes tienen los cables que los sustentan directamente conectados desde las torres a la plataforma del puente.

El Sunshine Skyway, de Florida, es un puente moderno que tiene pilares de cemento armado

OTROS TIPOS DE PUENTES

Los **arquitectos** han diseñado puentes de todas clases.

El puente de vigas es muy común. Estos puentes, simples y cortos, se usan mucho en las autopistas modernas.

Los puentes de vigas más largos tienen soportes por debajo, que pueden ser postes o armazones de madera o acero, llamados **caballetes** de puente.

Casi todos los puentes de las vías férreas son de caballete.

GLOSARIO

arquitecto — alguien que diseña edificios y puentes

cable — una cuerda de acero muy fuerte

colgante — algo que se sostiene de manera tal que lo deja libre por todos lados, salvo en los puntos de apoyo

pilares — especie de columna que sirve de sostén a otra estructura o armazón

tramo — arco sobre algo, o la distancia entre dos puntos de apoyo de un puente

ÍNDICE ALFABÉTICO